2ª Edição

OS SONHOS

C. W. Leadbeater

OS SONHOS

O que são e quais suas causas

EDITORA TEOSÓFICA
BRASÍLIA-DF

The Theosophical Publishing House
Adyar, Chennai, 600 020, Índia

1ª Edição em Português 2013
2ª Edição em Português 2021

Direitos Reservados à
EDITORA TEOSÓFICA
SIG - Quadra 6, Nº 1235
70.610-460 – Brasília-DF – Brasil
Tel.: (61) 3322.7843
E-mail: editorateosofica@editorateosofica.com.br
Site: www.editorateosofica.com.br

L 434	Leadbeater, C.W. (1847-1934)
	Os Sonhos Editora Teosófica, 2ª Ed., 2021, Brasília-DF Tradução: Izar Tauceda
	Tradução: *Dreams* ISBN: 978-85-7922-094-4
	1.Teosofia II.Título
	CDD 212

Revisão: Zeneida Cereja da Silva
Diagramação: Reginaldo Mesquita
Capa: Herbert Gonçalves
Impressão: Gráfika Papel e Cores

Sumário

Capítulo 1 07
   Introdução 07
Capítulo 2 09
   O Mecanismo 09
Capítulo 3 21
   O Ego 21
Capítulo 4 27
   A Condição do Sono 27
Capítulo 5 57
   Os Sonhos 57
Capítulo 6 67
   Experiências no Estado de Sonho 67
Capítulo 7 75
   Conclusão 75

Capítulo 1

Introdução

Muitos dos assuntos que nossos estudos teosóficos nos põe em contato estão distantes das experiências e dos interesses da vida cotidiana, e como cada vez mais eles nos atraem, esta atração tem uma progressão geométrica quanto mais e melhor os conhecemos e compreendemos. Mas, por assim dizer, no fundo de nossas mentes existe um vago sentimento de irrealidade, ou pelo menos de inacessibilidade ao lidarmos com eles. Quando lemos sobre a formação do Sistema Solar, ou sobre os anéis e rondas de nossa cadeia planetária, não podemos deixar de sentir que, embora interessante, é um estudo abstrato; mas também é útil por nos mostrar como o homem veio a ser o que é, ainda que indiretamente se relacione com a nossa presente vida.

Contudo, não há objeção a este tema; todos os que leem estas páginas tiveram sonhos – provavelmente muitos costumam sonhar frequentemente e por isso devem estar interessados na explicação dos fenômenos dos sonhos com o auxílio da luz projetada nas investigações de acordo com as linhas teosóficas.

O método mais conveniente para abordar os vários aspectos desse assunto, talvez seja o seguinte: primeiro, considerar cuidadosamente os mecanismos físico, etérico e astral, por meio do qual as impressões são transmitidas à nossa consciência; segundo, ver como, por sua vez, a consciência afeta e usa este mecanismo; terceiro, notar o estado tanto da consciência como de seu mecanismo durante o sono; e quarto, investigar como são produzidos os vários tipos de sonhos que temos.

Capítulo 2

O MECANISMO

1 – Físico

Em primeiro lugar, estudaremos a parte física do mecanismo.

Temos em nossos corpos um grande eixo central de matéria nervosa que termina no cérebro e forma uma rede de filamentos nervosos que se irradiam em várias direções através do corpo. De acordo com as teorias científicas modernas, são estes filamentos nervosos que, por suas vibrações, transmitem todas as impressões externas ao cérebro. O cérebro ao recebê-las as traduz em sensações ou percepções, de maneira que se coloco minha mão sobre algum objeto e sinto que está quente, não é realmente minha mão que sente, mas meu cérebro que está recebendo a informação comunicada pelas vibrações através dos filamentos telegráficos, os feixes de nervos.

Também é importante ter em mente que todas as ligações nervosas do corpo têm a mesma constituição e que o feixe especial que denominamos nervo óptico – que transmite ao cérebro as impressões recebidas pela retina do olho e nos permite ver – difere dos feixes nervosos da mão ou do pé apenas pelo fato de que, através de longos períodos de evolução, especializou-se para receber e transmitir mais rapidamente um grupo particular de vibrações que se tornam visíveis a nós como luz. A mesma observação cabe a nossos outros órgãos sensoriais: da audição, do olfato ou do paladar; eles só diferem uns dos outros em virtude dessa especialização; em essência, eles são idênticos e cada um cumpre sua tarefa exatamente da mesma maneira – transmitir as vibrações ao cérebro.

Assim o cérebro, que é o grande centro de nosso sistema nervoso, está facilmente sujeito às menores variações de nossa saúde, e de maneira especial às que impliquem em alterações na circulação sanguínea. Quando o fluxo de sangue nos vasos é regular e normal, o cérebro (e todo sistema nervoso) pode funcionar de maneira eficiente e ordenada, mas qualquer alteração em sua circulação normal, quer em quantidade, qualidade ou velocidade, produz imediatamente um efeito correspondente no cérebro, e por intermédio deste, nos nervos em todo corpo.

Se, por exemplo, ocorrer um suprimento excessivo de sangue no cérebro, haverá a congestão dos vasos, ocasionando logo uma irregularidade no desempenho de sua função; se houver insuficiência, o cérebro (e consequentemente o sistema nervoso) ficará primeiro excitado e depois letárgico. A qualidade do sangue suprido também é de suma importância. Ao circular pelo corpo ele tem que exercer duas funções principais: suprir de oxigênio e prover a nutrição dos diferentes órgãos do corpo. Se não for capaz de desempenhar adequadamente uma ou outra destas funções, ocorrerá uma desordem orgânica.

Se o suprimento de oxigênio ao cérebro for insuficiente, este ficará sobrecarregado com dióxido de carbono, logo sobrevindo torpor e letargia. Um exemplo comum é a sensação de cansaço e sonolência que frequentemente ocorre numa sala mal ventilada e cheia de gente, devido à exaustão do oxigênio no local e pela contínua respiração de tantas pessoas. Neste caso o cérebro não recebe a quantidade que necessita, tornando-se assim incapaz de executar a tarefa que lhe compete.

Além disso, a velocidade da corrente sanguínea nos vasos influi na atividade cerebral, que se for excessiva, provocará febre; se muito lenta, dará lugar à letargia. É óbvio, portanto, que nosso cérebro, através do qual devem passar todas as impressões físicas, pode ser muito facilmente perturbado e mais ou menos impedido de desempenhar suas funções por causas aparentemente triviais – causas às quais muitas vezes não damos atenção, mesmo nas horas de vigília – e que certamente ignoramos durante o sono.

Antes de prosseguir, devemos notar outra peculiaridade do mecanismo físico: a tendência de repetir automaticamente vibrações que está habituado a responder. É a esta peculiaridade do cérebro que devemos atribuir todos os hábitos e tendências corporais que são completamente independentes da vontade e quase sempre difíceis de vencer, e conforme veremos, o papel que ela tem é até mais importante durante o sono do que no estado de vigília.

2 - Etérico

Como mencionamos, não é apenas através do cérebro que recebemos as impressões. Quase tão extenso e interpenetrando sua forma visível, está o duplo etérico (*linga sharira*), o qual também tem um cérebro que é tão real quanto o físico, embora composto de matéria em estado mais sutil que o gasoso.

Se examinarmos com a faculdade psíquica o corpo de um recém-nascido, o veremos permeado não apenas pela matéria astral de todos os graus de densidade, mas também pelos diferentes graus de matéria etérica; e se pudermos retroceder o exame desses corpos internos até sua origem, veremos que foi com esta última matéria que os agentes dos Senhores do *Karma* elaboraram o duplo etérico, molde para a construção do corpo físico; ao passo que o Ego[1] descendente o incorporou – é claro que

---

[1] Referência ao Ego Superior ou Eu Superior, Tríade Superior ou alma imortal individual que reencarna e evolui, conquista que caracteriza o estágio evolutivo humano, distinguindo-o dos animais, cuja a alma é grupal (vide LEADBEATER, C.W. *A Gnose Cristã*. Ed. Teosófica). Não confundir com o ego da psicologia moderna, que, em contraposição, se refere à personalidade mortal, quaternário inferior ou corpo, conforme o denominava São Paulo, que ainda o subdividia em corpo natural (abrangendo o corpo físico e o corpo etérico) e o corpo psíquico (às vezes, também chamado confusamente de espiritual, mas que verdadeiramente abrange o corpo astral ou emocional, e o corpo mental - I Coríntios 15:44). Também não confundir com o espírito ou mônada, a centelha divina que é eterna e perfeita, porque está fora da dimensão evolutiva do tempo. Esta nota é válida para todas as passagens no livro onde está mencionada a palavra "Ego". (N.E.)

de maneira inconsciente e por uma ação automática – ao passar pelo mundo astral, e nesse plano está de fato o mero desenvolvimento de tendências cujas sementes ficaram aí [no mundo astral - N.E.] adormecidas durante suas experiências no mundo celeste, nível em que era impossível germinarem por falta de matéria em grau adequado a sua expressão.

Este duplo etérico, chamado muitas vezes de veículo da vida, é a força vital (em sânscrito, *prāna*), e todo aquele que desenvolveu as faculdades psíquicas pode ver exatamente como isso ocorre. Verá o princípio da vida solar quase incolor, embora intensamente luminoso e ativo, sendo constantemente derramado na atmosfera da Terra pelo Sol; verá como a parte etérica de seu baço, no exercício de sua admirável função, absorve essa vida universal, especializando-a em *prāna,* a fim de ser mais facilmente assimilável pelo corpo; verá também como o *prāna* percorre todo o corpo ao longo dos filamentos nervosos, sob forma de minúsculos glóbulos de uma bela cor rosada, produzindo o brilho da vida, da saúde e da atividade para penetrar em cada átomo do duplo etérico; e por último, como, quando as partículas rosadas tiverem sido absorvidas, o éter vital supérfluo finalmente se irradiará do corpo em todas as direções como uma luz branca azulada.

Se examinarmos depois a ação deste éter vital, logo veremos que a transmissão de impressão ao cérebro depende mais de seu fluxo regular ao longo da parte etérica dos filamentos nervosos, do que da mera vibração das partículas da porção mais densa e visível, como geralmente se supõe. Tomaria muito de nosso espaço descrever todas as experiências que comprovam essa teoria; basta uma ou duas mais simples para demonstrar suas linhas direcionais.

Quando um dedo fica completamente entorpecido pelo frio é incapaz de sentir; o mesmo fenômeno de insensibilidade pode facilmente ser reproduzido por um hipnotizador que, com um passe [mesmérico - N.E.] sobre o braço do hipnotizado, consegue levá-lo a uma condição de não sentir dor quando for espetado com uma agulha ou queimado com a chama de uma vela. Ora, *por que* o hipnotizado nada sente em nenhum destes casos? Os filamentos nervosos ainda estão lá; no primeiro caso foram paralisados pelo frio e pela falta de sangue nos vasos, mas este não é o caso do segundo exemplo, em que o braço conserva a temperatura normal e o sangue circula normalmente.

Se tivermos o auxílio de um clarividente, será possível obtermos uma explicação mais próxima da realidade. Ele dirá o motivo por que o dedo gelado parece morto: porque o sangue não pode circular por seus canais, porque o rosado éter vital deixou de fluir pelos filamentos nervosos; e devemos lembrar que embora a matéria etérica seja invisível à visão comum, ela é física, e portanto, sujeita à ação do frio ou do calor.

No segundo caso, ele nos dirá que quando o hipnotizador realiza os passes [mesméricos - N.E.] para tornar o braço insensível, o que ele faz realmente é transferir seu próprio éter nervoso[2] (i.é, seu magnetismo, como é chamado) ao braço, substituindo por um tempo o do hipnotizado. O braço está morno e vivo porque ainda existe nele o éter vital, mas como já não é o seu próprio éter vital, não envia informação a seu cérebro, e por isso o cérebro não comanda o braço.

Parece então evidente que este éter especializado é necessário para a devida transmissão de impressões através dos filamentos nervosos, embora não seja absolutamente seu próprio éter vital que realiza o trabalho no momento.

---

[2] O autor refere-se ao que os orientais chamam de *prāna* ou energia vital, e que os hipnotizadores, no século 19, chamavam também de "magnetismo animal". (N.E.)

Ora, assim como qualquer alteração na circulação do sangue afeta a receptividade da matéria mais densa do cérebro, modificando a confiabilidade das impressões recebidas, da mesma forma as alterações de volume ou de velocidade dessas correntes de vida exercem influência na porção etérica do cérebro.

Por exemplo, quando por qualquer motivo a quantidade de éter nervoso especializado pelo baço cai abaixo da média, imediatamente surge a fraqueza e o cansaço físico, e se nestas circunstâncias aumenta a velocidade da circulação, o homem torna-se supersensível, muito irritado, nervoso e quase histérico, e nesta condição ele é mais sensível a impressões físicas do que normalmente. Muitas vezes também acontece de um doente ter visões, enxergando aparições imperceptíveis a outros com boa saúde. Por outro lado, se o volume e a velocidade do éter vital são reduzidos ao mesmo tempo, o homem sente forte cansaço, fica menos sensível às influências externas e tem uma sensação geral de extrema debilidade para prestar atenção ao que lhe acontece.

Devemos lembrar também que a matéria etérica e a matéria mais densa, geralmente aceitas como pertencentes ao cérebro, na realidade são duas partes do mesmo organismo e nenhuma delas pode ser afetada sem produzir instantaneamente alguma reação na outra. Em consequência, não pode haver certeza de que as impressões sejam transmitidas corretamente através deste mecanismo, a menos que ambas as porções estejam funcionando normalmente; qualquer funcionamento irregular numa destas partes prontamente entorpece ou perturba a receptividade do mecanismo, embaçando ou distorcendo as imagens que lhe são apresentadas. Além disso, como explicaremos, somos mais sujeitos a tais aberrações durante o sono do que no estado de vigília.

3 – Astral

Outro mecanismo que devemos considerar é o corpo astral, muitas vezes chamado de corpo de desejos. Como indica seu nome, este veículo é composto exclusivamente de matéria astral, e de fato é a expressão do homem no plano astral, assim como seu corpo físico é sua expressão no nível inferior do plano físico.

Na verdade, o estudante poupará muitos problemas se aprender a ver estes diferentes veículos simplesmente como verdadeira manifestação do Ego em seus respectivos planos – por exemplo, se ele compreende que o corpo causal (chamado também de ovo áurico) é o verdadeiro veículo do Ego reencarnante, e é ali que ele habita enquanto permanece nesse plano superior, que é seu verdadeiro lar nesses níveis mais elevados do mundo mental; mas quando desce aos níveis inferiores, para neles poder funcionar, deve revestir-se dessas matérias, e a matéria que atrai para si lhe fornece então o corpo mental. Da mesma forma, ao descer ao plano astral, forma dessa matéria seu corpo astral ou de desejo, embora retendo todos os outros corpos; e ao descer ao plano mais baixo de todos, forma o corpo físico no centro do ovo áurico, que então contém o homem completo.

Este veículo astral é ainda mais sensível às impressões externas do que os corpos denso e etérico, pois ele é a própria sede de todos os desejos e emoções – o elo de ligação através do qual só o Ego pode colher as experiências da vida física. O corpo astral é peculiarmente suscetível a influências das correntes de pensamento, e quando a mente não o está controlando, está sempre recebendo estes estímulos de fora, e prontamente os responde.

Assim como os outros, este mecanismo é mais facilmente influenciado durante o sono do corpo físico. Isto é comprovado por muitas observações, um exemplo é o caso recente relatado ao autor, em que um ex-alcoólatra descreveu suas dificuldades para abandonar a bebida. Disse que depois de um longo período de abstinência total, conseguiu controlar completamente o desejo físico pelo álcool, e no estado de vigília sentia absoluta repulsa por ele. Verificou contudo, que frequentemente *sonhava* estar bebendo, e nesse estado sentia o horrível prazer nesta degradação.

Aparentemente durante o dia este desejo era mantido sob o controle da vontade, e as formas-pensamento e os elementos passageiros não lhe causavam impressões; mas no sono, quando o corpo astral estava livre, fugia do controle do Ego e sua extrema suscetibilidade logo respondia a estas influências nocivas, e ele imaginava-se experimentando mais uma vez os deleites mórbidos desse perigoso vício.

Capítulo 3

O EGO

Todas as partes deste mecanismo são na realidade meros instrumentos do Ego, embora o controle delas pelo Ego ainda seja muito imperfeito. Devemos lembrar sempre que o Ego é uma entidade em desenvolvimento, e que na maioria de nós ele é apenas um germe do que um dia será.

Diz uma estância no *Livro de Dzyan*: 'Aqueles que receberam apenas uma centelha são destituídos de entendimento: a centelha brilhava debilmente; e a Sra. Blavatsky explica: Aqueles que recebem apenas um centelha constituem a massa humana que deve adquirir sua intelectualidade durante a presente evolução *manvantárica*'[3] (*A Doutrina Secreta,* Vol. V). Na maioria a centelha está ardendo ainda suavemente, e decorrerá muito tempo

---

[3] Do sânscrito *Manvantara*: Um período de manifestação do Universo, oposto ao *Pralaya,* repouso ou dissolução do Universo. Glossário Teosófico. Ed. Ground. São Paulo, 1995. (N.E.)

para que seu lento crescimento alcance o estágio de uma resplandecente chama fixa.

Sem dúvida há algumas passagens na literatura teosófica que parecem sugerir que o nosso Ego superior não precisa evoluir, já sendo perfeito e divino em seu plano; mas sempre que estas expressões são usadas, qualquer que seja a terminologia empregada, deve ser aplicada somente ao *Ātma,* o verdadeiro deus dentro de nós, que certamente está muito além de necessitar qualquer tipo de evolução da qual nada sabemos.

Sem dúvida, o Ego reencarnante evolui, e o processo desta evolução pode ser visto claramente por aqueles que desenvolveram a visão clarividente, na medida necessária à percepção do que existe nos níveis superiores do plano mental. Como já mencionamos, é da matéria desse plano (se é que podemos chamá-la de matéria) que é composto o corpo causal relativamente permanente que o Ego leva consigo de nascimento em nascimento até o estágio final da evolução humana. E, embora todo ser individualizado deva ter este corpo causal – já que ele é necessário para a individualização – sua aparência não é idêntica em todos os casos. No homem comum não desenvolvido, seus contornos são imprecisos e mal distinguidos; até para aqueles dotados da visão reveladora dos segredos desse plano, porque é apenas uma película incolor – suficiente somente para manter a coesão da individualidade reencarnante.[4/5]

Logo porém que o homem começa a desenvolver a espiritualidade e um intelecto superior, ocorre uma mudança. O indivíduo real começa a ter uma característica própria além das que, pelas circunstâncias ambientais, foram fixadas em cada uma de suas personalidades; estas características se mostram em tamanho, cor, luminosidade e definição no corpo causal, assim como a da personalidade se mostra no corpo mental, exceto que no veículo superior é naturalmente mais sutil e mais bela. (veja *ibid.*, lâmina XXI)

Sob outro aspecto também difere dos corpos inferiores, porque em nenhuma circunstância comum qualquer tipo de mal pode se manifestar através dele. O pior dos homens mostrará nesse plano superior somente uma entidade não desenvolvida; seus vícios, embora continuem vida após vida, não podem macular este invólucro superior, podem apenas tornar mais difícil o

---

[4] O Espírito Universal, a Mônada Divina, o Sétimo Princípio, assim chamado na Constituição Setenária do homem. A Alma suprema. Glossário Teosófico, Ed. Ground. São Paulo, 1995. (N.E.)
[5] Veja: *O Homem Visível e Invisível,* lâmina V e VI. Editora Pensamento. São Paulo, (N.E.)

aparecimento das virtudes opostas.

Por outro lado, a perseverança no caminho reto logo se mostra no corpo causal, e no caso de um discípulo que progrediu na Senda da Santidade, tem um aspecto maravilhoso e encantador que transcende toda concepção terrena (veja ibid., lâmina XXVI); e no de um Adepto, é uma magnífica esfera de viva luz, cuja radiante beleza não pode ser descrita com palavras. Quem já contemplou espetáculo tão sublime, também pode ver ao redor, indivíduos em todos os estágios de evolução, entre eles os de película incolor da pessoa comum, não tendo portanto qualquer dúvida quanto à evolução do Ego reencarnante.

O poder que tem o Ego sobre seus vários instrumentos e, portanto, a influência sobre eles, é naturalmente pequena em seus primeiros estágios. Nem sua mente nem suas paixões estão completamente sob seu controle; na verdade, o homem comum quase não se esforça para controlá-las, e se permite ir daqui para ali como querem seus desejos e pensamentos inferiores. Consequentemente, no sono as diferentes partes deste mecanismo estão aptas para agir quase inteiramente por conta própria, sem depender dele, e o estágio de seu progresso espiritual é um dos fatores que devemos levar em conta ao considerar a questão dos sonhos.

Também é importante compreender o papel do Ego na formação de nossos conceitos sobre objetos externos. Devemos lembrar que as vibrações dos filamentos nervosos levam ao cérebro apenas impressões, e que o Ego, agindo através da mente, as classifica, as combina e as rearranja.

Quando, por exemplo, olho pela janela e vejo uma casa e uma árvore, imediatamente as reconheço pelo que são, embora a informação que me foi transmitida pelos olhos seja por si só insuficiente para esta identificação. O que acontece realmente é que certos raios de luz – isto é, correntes de éter vibrando em determinada frequência – são refletidos destes objetos e batem na retina de meu olho, e os sensíveis filamentos nervosos transmitem estas vibrações ao cérebro.

Mas o que eles nos dizem? Todas as informações que eles realmente nos transmitem é que em certa direção existem vários blocos de cores, de contornos mais ou menos definidos. É a mente que, por sua experiência passada decide que determinado objeto branco é uma casa, e o verde é uma árvore, e que provavelmente ambos têm outra grandeza e estejam afastados de mim.

Uma pessoa cega de nascença, após uma cirurgia, consegue ver e por algum tempo não sabe o que são os objetos que vê, nem pode julgar a que distância estão. O mesmo acontece com um recém-nascido que procura pegar coisas fora de seu alcance (por exemplo, a lua), mas à medida que cresce, aprende inconscientemente, pela experiência repetida, a julgar instintivamente a distância e o tamanho da forma que vê. Até pessoas adultas podem facilmente se enganar quanto à distância e dimensão de qualquer objeto que não lhes seja familiar, especialmente se os vê sob luz difusa.

Compreende-se, portanto, que a mera visão não é suficiente para uma percepção acurada, mas que o discernimento do Ego, agindo através da mente, é que identifica a coisa vista; além disso, esse discernimento não é um instinto próprio da mente, perfeito desde o começo, mas sim o resultado da inconsciente comparação de muitas experiências – pontos que devem ser objeto de cuidadosa atenção ao chegarmos ao próximo capítulo.

Capítulo 4

A CONDIÇÃO DO SONO

A observação clarividente registra muitos testemunhos do fato de que quando uma pessoa adormece, os princípios superiores em seu veículo astral quase invariavelmente se ausentam do corpo físico e flutuam perto dele. Na verdade, é este afastamento que geralmente chamamos de 'dormir'. Contudo, ao examinar o fenômeno dos sonhos, temos que considerar esta situação para ver como ela afeta o Ego e seus vários mecanismos.

No caso que vamos examinar, presumimos que nosso sujeito esteja quieto na cama, em sono profundo, o corpo físico (inclusive sua porção mais sutil, o duplo etérico), – enquanto o Ego, no seu corpo astral, flutua acima com a mesma tranquilidade. Nestas circunstâncias, qual será a condição e a consciência destes diversos princípios?

1 – O Cérebro Físico

Assim, quando o Ego por algum tempo deixa de controlar o cérebro, este não fica totalmente inconsciente. Por várias experiências, torna-se evidente que o corpo físico tem uma vaga consciência própria, inteiramente distinta da consciência do Ego e também do mero agregado da consciência de suas células.

O autor observou muitas vezes o efeito desta consciência ao presenciar a extração de um dente numa anestesia com gás. O corpo articulou um grito confuso, e as mãos se ergueram num movimento instintivo, indicando claramente que até certo ponto sentia a operação; mas, quando vinte minutos depois, o Ego reassumiu o comando, o paciente declarou que *não* havia sentido absolutamente nada! Naturalmente sei que estes movimentos são normalmente atribuídos à 'ação reflexa', e que as pessoas costumam pensar que é uma explicação verdadeira; a verdade, porém, é que não passa de uma expressão que não explica nada.

Essa consciência ainda opera no cérebro físico embora o Ego flutue sobre ela, mas seu alcance é naturalmente muito menor do que a do próprio homem, e consequentemente todas essas causas antes mencionadas, que afetam a ação do cérebro, agora podem influenciá-lo em maior escala. A mais ligeira alteração no suprimento ou na circulação do sangue produz agora graves transtornos, e é por isso que a indigestão, que altera o fluxo sanguíneo, frequentemente dá origem a sonhos agitados e pesadelos.

E quando inalterada, esta estranha e embaçada consciência tem muitas peculiaridades. Parece ter ação automática e os resultados são quase sempre incoerentes, sem sentido e muito confusos. Parece incapaz de apreender uma ideia, exceto na forma de uma cena em que ela mesma seja o ator, e assim todos os estímulos, quer de dentro ou de fora, são imediatamente transformados em imagens percebidas. É incapaz de assimilar ideias abstratas ou reter lembranças dessa ordem, que imediatamente se tornam percepções imaginárias. Por exemplo, se a ideia de glória puder ser sugerida a essa consciência, não tomará forma senão como a visão de algum ser glorioso aparecendo diante do sonhador; se for um pensamento de ódio, será visto apenas como uma cena na qual algum ator imaginário demonstra violento rancor com o adormecido.

Além disso, toda direção local do pensamento torna-se para ele um absoluto transporte espacial. Se durante as horas de vigília pensamos na China ou no Japão, é como se imediatamente nosso pensamento estivesse *nesses* países; no entanto, sabemos perfeitamente que nosso corpo físico não saiu de onde estava um momento antes. No estado de consciência que estamos considerando, não existe Ego para discernir e comparar as impressões mais grosseiras, e consequentemente qualquer pensamento passageiro, sugerindo a China ou o Japão, pode representar apenas um transporte instantâneo e efetivo para aqueles países, e o sonhador ali estaria, de repente, cercado por todas as circunstâncias adequadas que pudesse se lembrar.

Também se notou que embora estas surpreendentes transições sejam bastante frequentes nos sonhos, quem dorme nunca parece sentir qualquer surpresa com o que ocorre. Este fenômeno é facilmente explicado quando examinado à luz das observações presentes, porque na restrita consciência do cérebro físico não existe algo capaz de sentir surpresa – ele simplesmente percebe as cenas como aparecem à sua frente, não sendo capaz de julgar quer sua sequência ou a falta dela.

Outra fonte de extraordinária confusão visível nesta meia-consciência é a maneira como a lei de associação de ideias aí opera. Todos estão acostumados com a maravilhosa ação familiar instantânea desta lei na vida de vigília; sabemos como uma palavra casual – um acorde musical – ou até mesmo o perfume de uma flor – são capazes de nos trazer à memória cenas há muito esquecidas.

Ora, no cérebro adormecido esta lei é tão ativa como sempre, mas atua sob curiosas limitações; todas as associações de ideias, concretas ou abstratas, são apenas uma combinação de imagens e esta associação é um mero sincronismo de eventos que surgem em sucessão na mente, sendo esses completamente desconexos; assim, facilmente concluímos que é comum a ocorrência de confusão nestas diversas imagens praticamente infinitas, que podem ser extraídas do imenso repositório da memória e aparecem como cenas. É natural que em circunstâncias semelhantes esta sucessão de imagens raramente seja recuperada pela memória, já que elas não têm nenhuma ordenação para auxiliar sua recuperação – assim como no estado de vigília podemos lembrar uma frase ou poesia mesmo se as escutamos apenas uma vez, no sonho, sem algum sistema mnemônico é quase impossível lembrar com detalhes um simples aglomerado de palavras sem sentido.

Outra peculiaridade dessa estranha consciência do cérebro, é que embora singularmente sensível à mais leve influência externa, como sons ou toques, ainda os aumenta e distorce incrivelmente. Todos os que descrevem os sonhos dão estes exemplos, e na verdade alguns provavelmente sejam conhecidos por todos que dedicam atenção ao assunto.

Dentre as histórias mais comuns, está a de um homem que tinha um sonho angustiante de estar sendo enforcado, mas era apenas seu colarinho que estava muito apertado; outro aumentava o ferimento que recebera num duelo; outro transformou um pequeno beliscão na mordida de um animal feroz. Maury conta que parte da cabeceira de sua cama se soltou e bateu em seu pescoço, e este contato lhe provocou um sonho terrível sobre a Revolução Francesa, em que ele morria na guilhotina.

Outro autor nos conta que frequentemente acordava do sono com uma lembrança confusa de sonhos muito barulhentos, vozes altas e sons de trovões, e que por muito tempo foi incapaz de descobrir sua origem; mas por fim conseguiu segui-los até um murmúrio no ouvido (talvez pela circulação do sangue) quando deitava a cabeça no travesseiro, semelhante mas muito mais alto do que o murmúrio de uma concha colocada sobre o ouvido.

Nesta altura já será evidente que, embora este seja

apenas um dos fatores que devemos levar em conta, é no próprio cérebro físico que são produzidas as confusões e os exageros de muitos fenômenos dos sonhos.

2 – O Cérebro Etérico

É óbvio que esta parte do organismo, tão sensível a toda influência durante nossa vida de vigília, deve ser ainda mais suscetível durante o sono. Quando, nestas circunstâncias, é examinado por um clarividente, se veem correntes de pensamento constantemente passando através dele – pelo menos não seus próprios pensamentos, porque não pode pensar – mas os pensamentos casuais de outros que sempre flutuam ao nosso redor.

Os estudantes de ocultismo estão cientes de que na verdade 'pensamentos são coisas', porque cada pensamento é gravado na plástica essência elemental e gera uma entidade com vida temporária, que dura mais ou menos, conforme a energia do impulso do pensamento que a gerou. Vivemos, portanto, no meio de um oceano de pensamentos alheios e quer desperto ou dormindo, estes estão sempre presentes na parte etérica de nosso cérebro.

Assim, enquanto estamos pensando e mantendo ativamente nosso cérebro ocupado, ele se torna praticamente impermeável à incessante intromissão de pensamentos de fora; mas no momento em que o deixamos ocioso, a corrente caótica começa a penetrar nele. Muitos pensamentos que passam por ele não são notados, mas quando algum deles desperta certas vibrações conhecidas da parte etérica do cérebro, logo o cérebro as prende, as intensifica e se apropria delas; este pensamento, por sua vez sugere outro, e assim começa toda uma corrente de ideias até que eventualmente também ele se dissipe. Aí então a corrente confusa começa a fluir novamente através do cérebro.

Se a maioria das pessoas prestar atenção ao que habitualmente chamam de *seus* pensamentos, verá que eles consistem principalmente de uma corrente ocasional de pensamentos – e na verdade eles não são *seus* pensamentos, mas simplesmente fragmentos de pensamentos de outras pessoas. Isto porque o homem comum parece não ter qualquer controle do que ocorre em sua mente; e não sabe exatamente no que está pensando em determinado momento, ou porque lhe vem tal pensamento; em vez de orientar sua mente num rumo certo, permite que ela vagueie à vontade, sem propósito, de maneira que qualquer semente adventícia trazida pelo vento, aí germinará e dará frutos.

O resultado é que, quando o Ego deseja realmente pensar ordenadamente em algum assunto, praticamente não o consegue, pois todo tipo de pensamentos errantes lhe chegam de todo lado, e não estando habituado a controlar sua mente, não consegue impedir este caudal. Não sabe o que é nem como concentrar o pensamento, e é esta falta de concentração, esta fraqueza de mente e de vontade que tornam os primeiros passos do desenvolvimento oculto tão difícil para o homem comum. Além disso, já que no presente estado da evolução do mundo circulam ao seu redor mais pensamentos maus do que bons, esta fraqueza o deixa vulnerável a todo tipo de tentações que seriam evitadas com algum cuidado e atenção.

No sono, então, a parte etérica de seu cérebro está ainda mais do que o habitual à mercê destas correntes de pensamento, já que o Ego, na ocasião, não tem tanta ligação com ela.

Um fato curioso mostrado em experiências recentes é que, se por qualquer circunstância essas correntes são afastadas da parte etérica do cérebro, este não fica absolutamente passivo, mas começa lenta e sonhadoramente a evocar cenas de seu estoque de memórias passadas. Mais adiante daremos exemplos ao descrever algumas experiências.

3 – O Cérebro Astral

Conforme mencionado antes, é neste veículo que o Ego funciona durante o sono, e geralmente é visto (por quem tem a visão interna aberta) pairando sobre o corpo físico adormecido. Sua aparência, contudo, difere bastante conforme o grau de desenvolvimento alcançado pelo Ego. No caso de um ser humano muito atrasado, não é mais do que uma nuvem difusa e imperfeita de forma ovoide, de contornos muito irregulares e mal definidos, ao passo que a figura central (a contraparte mais densa do corpo físico), rodeada pela nuvem também é difusa, embora geralmente reconhecível.

O corpo astral é receptivo apenas às mais grosseiras e violentas vibrações de desejo, e só pode se afastar alguns metros do corpo físico; mas à medida que prossegue a evolução, a nuvem ovoide vai tendo um contorno mais definido, e a figura interna assume o aspecto de uma imagem quase perfeita do corpo físico. Sua receptividade aumenta simultaneamente, até que responda instantaneamente a todas as vibrações de seu plano, quer às mais sutis ou às mais abjetas, embora uma pessoa altamente evoluída já não tenha em seu corpo astral matéria grosseira para responder a essas vibrações.

Seu poder de locomoção também é muito maior e pode viajar sem dificuldade a distâncias consideráveis de seu envoltório físico, e regressar com impressões mais ou menos exatas dos lugares que visitou e das pessoas que encontrou. Em cada caso este corpo astral é, como sempre, intensamente impressionável por qualquer pensamento ou sugestão de desejo, embora em algumas pessoas os desejos respondam mais prontamente a vibrações mais elevadas.

4 – O Ego no Sono

Embora a condição do corpo astral seja muito variável durante o sono, conforme prossegue a evolução, a condição do Ego que nele habita varia ainda mais. Enquanto o corpo astral numa forma de nuvem flutua sobre o corpo físico, o Ego permanece quase adormecido como o corpo físico; não tem visões, é surdo às vozes de seu próprio mundo superior, e até se alguma ideia pertinente a esse mundo por acaso o alcançasse, por não ter controle sobre seu mecanismo, não pode imprimi-la no cérebro físico para recordar-se dela ao despertar. Se um homem neste estado primitivo captasse algo do que lhe acontece durante o sono, quase invariavelmente seria o resultado de impressões puramente físicas recebidas pelo cérebro, quer de dentro ou de fora – não lembrando, portanto, qualquer experiência do Ego real.

Quem dorme pode ser observado em todos os estágios, desde o esquecimento total das coisas até o da plena e perfeita consciência no plano astral, embora esta seja natural mas bastante rara. Até quem está suficientemente desperto para ter importantes experiências na vida superior, pode ser (e muitas vezes, é) incapaz de dominar seu cérebro para refrear as correntes de pensamentos irracionais, substituindo-as pelo que deseja recordar; e assim, quando seu corpo físico desperta, ele não se lembra de nada ou tem apenas lembranças confusas. E é uma pena que assim seja, porque poderia descobrir muita coisa que lhe interessa e é importante para ele.

Não só pode visitar lugares distantes de incalculável beleza, mas pode ainda trocar ideias com amigos, vivos ou mortos, que estejam despertos no plano astral. Pode ter a sorte de encontrar quem conhece muito mais do que ele, e pode receber seus conselhos e instruções; por outro lado, pode ter o privilégio de auxiliar e confortar quem souber menos do que ele. Pode ter contato com entidades não humanas de vários tipos – espíritos da natureza, elementais artificiais ou até, mais raramente, com *Devas*; e estará assim sujeito a todo tipo de influências, benéficas ou maléficas, encorajadoras ou apavorantes.

O Ego e sua transcendental medida do tempo

Mas quer guarde ou não lembrança de algo quando fisicamente acordado, o Ego que está total ou parcialmente consciente de seu ambiente no plano astral começa a tomar posse de sua herança de poderes que transcendem muito aos que ele possui no momento; porque sua consciência, liberada do corpo físico, tem notáveis possibilidades. Sua medida de tempo e espaço, de nosso ponto de vista é totalmente diferente da que é normal em nossa vida de vigília, é como se nem tempo nem espaço existissem para ele.

Não desejo discutir aqui este assunto, por mais interessante que possa ser, isto é, se o tempo pode realmente existir, ou se é apenas uma limitação da consciência inferior, e tudo que chamamos de tempo – passado, presente e futuro – 'seja apenas um eterno Agora'. Desejo somente mostrar que quando o Ego está liberto do empecilho físico, seja no sono, no transe ou na morte, parece ter uma medida transcendental de tempo que nada tem a ver com a nossa medida fisiológica. Contam-se centenas de histórias deste fato, daremos apenas dois exemplos – um muito antigo (relatado por Addison em *O Espectador*), e um acontecimento ocorrido há pouco tempo, e que não foi noticiado pela imprensa.

Exemplos Ilustrativos

Parece que há no Corão uma maravilhosa narrativa de uma visita que o Profeta Maomé fez ao céu. Ali viu muitas regiões diferentes sobre as quais ouviu diversas histórias, e também teve longas conferências com muitos anjos; entretanto, ao retornar ao corpo físico, notou que sua cama ainda estava morna, e concluiu que haviam passado apenas alguns segundos – pois a água de uma jarra que acidentalmente entornara ao iniciar a expedição, ainda não acabara de correr!

A história de Addison nos conta que um sultão do Egito disse ser impossível acreditar naquilo que ouvira, e continuou a dizer a seu instrutor religioso que a história era falsa. O instrutor, que era um notável erudito em leis, dotado de poderes miraculosos, quis no mesmo instante provar ao incrédulo monarca que a história não era impossível. Trouxe uma grande bacia cheia d´água e pediu que o sultão mergulhasse nela sua cabeça e a retirasse o mais depressa possível.

O rei concordou, mergulhou a cabeça na bacia e, para sua surpresa, encontrou-se no mesmo momento num lugar completamente desconhecido – numa praia solitária, no sopé de uma montanha. Logo que se recobrou da surpresa, uma ideia lhe veio à mente, provavelmente a coisa mais natural para um monarca oriental – pensou ter sido enfeitiçado; ficou furioso e começou a execrar o erudito pela abominável traição. O tempo passava, começou a sentir fome e teve que sair em busca de alimento naquela estranha região.

Após vagar por algum tempo, encontrou alguns homens cortando árvores e lhes pediu ajuda. Eles lhe deram trabalho e depois o levaram à cidade em que moravam. Aí viveu e trabalhou alguns anos economizando dinheiro, e por fim casou-se com uma mulher rica. Teve um feliz casamento de muitos anos e criou quatorze filhos. Após a morte da esposa, teve muitas adversidades e por fim já velho ficou na miséria e se viu obrigado a retornar ao antigo ofício de lenhador.

Um dia, andando na praia, tirou as roupas e mergulhou no mar; quando levantou a cabeça e limpou a água dos olhos, ficou assombrado por estar em pé no meio de seus antigos cortesãos, com o antigo instrutor a seu lado e uma bacia de água a sua frente. Não é de estranhar que só depois de algum tempo lhe fosse possível acreditar que todos aqueles anos de incidentes e aventuras não passassem de sonho de um momento, provocado pela sugestão hipnótica do instrutor, e que ele realmente só mergulhara a cabeça por um instante na bacia com água e depois a ergueu imediatamente.

Esta é uma bela história e ilustra bem o que dissemos antes, mas não temos qualquer prova de que seja verdadeira. Entretanto é bem diferente do que aconteceu outro dia a um conhecido homem de ciência. Teve que extrair dois dentes, e para isso lhe aplicaram anestesia. Interessado em problemas desse tipo, decidiu anotar com cuidado tudo que sentisse na operação, mas ao inalar o gás, ficou entorpecido, esqueceu sua intenção e mergulhou num profundo sono.

Na manhã seguinte acordou, como supôs, e continuou com sua rotina habitual com experiências científicas e palestras em vários locais, mas tudo isso com um exaltado sentimento de alegria – cada palestra, um notável triunfo, e cada experiência produzindo novas e magníficas descobertas. Isso continuou por um longo período – embora não pudesse precisar o tempo exato; até que quando fazia uma palestra na Real Sociedade, ficou aborrecido com o comportamento insólito de um dos presentes que lhe disse: 'Agora tudo terminou', e quando se voltou para ver o que era, ouviu alguém dizer: 'Os dois estão fora'. Foi então que notou que ainda estava sentado na cadeira do dentista e que vivera aquele intenso período em apenas quarenta segundos!

Pode-se dizer que nenhum destes casos foi exatamente um sonho comum. A mesma coisa ocorre constantemente nos sonhos habituais, e há inumeráveis testemunhos para comprová-los.

Steffens, um dos escritores alemães que se ocuparam deste assunto, relata que em criança dormindo com seu irmão, sonhou que estava numa rua deserta e foi perseguido por um terrível animal selvagem. Correu apavorado sem poder gritar, até que encontrou uma escada na qual subiu, mas exausto pela corrida e pelo terror foi apanhado pelo animal que lhe mordeu fortemente a coxa. Acordou assustado, e viu que seu irmão apenas lhe havia beliscado a coxa!

Richers, outro escritor alemão, conta a história de um homem que acordou com o barulho de um tiro – sendo este o desfecho de um longo sonho em que ele era um soldado que desertara, e vencido pelo imenso cansaço fora capturado, julgado, condenado e finalmente fuzilado – todo este drama aconteceu até o momento em que foi despertado pelo som do tiro! Temos também a história de um homem que adormeceu numa poltrona enquanto fumava um charuto, e após sonhar com incidentes numa longa existência, ao acordar viu que o charuto ainda estava aceso.

Estes casos podem se multiplicar em relatos infindáveis.

O Poder de Dramatização

Outra notável peculiaridade do Ego, além de sua transcendental medida de tempo, sugerida por algumas destas histórias, é sua capacidade, ou melhor, seu hábito de dramatização instantânea. Observar-se que nos casos do tiro e do beliscão que já foram relatados, foi o efeito físico que despertou o adormecido, o clímax de um drama aparentemente longo no tempo, embora obviamente, na realidade tenham sido provocados pelo próprio efeito físico.

Ora, a notícia, por assim dizer, deste efeito físico, quer do som ou do beliscão, foi transmitida ao cérebro pelos filamentos nervosos, e esta transmissão leva certo tempo – apenas uma fração de segundo, mas ainda assim, uma quantidade definida, calculável e mensurável pelos instrumentos extremamente delicados usados na moderna pesquisa científica. O Ego, quando fora do corpo, é capaz de perceber imediatamente, sem usar os nervos, e consequentemente sabe o que acontece, mesmo nessa fração de segundos, antes que a informação chegue a seu cérebro físico.

Nesse imperceptível espaço de tempo, parece que ele compõe uma espécie de drama ou série de cenas que culminam e finalizam no evento que desperta o corpo físico, e após despertar fica limitado pelos órgãos desse corpo, torna-se incapaz de distinguir na memória entre o subjetivo e o objetivo e assim imagina que realmente participou no drama durante seu sonho.

Este estado de coisas, do ponto de vista espiritual parece ser peculiar ao Ego que ainda está relativamente subdesenvolvido; à medida que ocorre a evolução, o homem real lentamente passa a compreender sua posição e suas responsabilidades e transcende os descuidados jogos da infância. Assemelha-se ao homem primitivo que vê todo fenômeno natural sob forma de mito: o Ego não evoluído[6] dramatiza todo evento natural sob forma de mito; mas o homem que atingiu a continuidade da consciência, se acha de tal modo absorvido em seu trabalho nos planos superiores que não tem energia para outras coisas e por isso deixa de sonhar.

A Faculdade de Previsão

Outro resultado do método supranormal do Ego de medir o tempo é que, de certa maneira, pode fazer previsões. O presente, o passado e o futuro lhe são desvendados, desde que os saiba ler; e não há dúvida de que às vezes antevê acontecimentos importantes para sua personalidade inferior e esforça-se para gravá-los com maior ou menor êxito.

Quando levamos em conta as tremendas dificuldades no caminho de um homem comum – o fato de que

---

[6] O Ego ou Eu Superior é sempre puro, porém pode ser subdesenvolvido em função do pequeno número de reencarnações na condição humana que ele caracteriza (N.E.)

provavelmente ele ainda não está nem semidesperto, que dificilmente tem controle sobre seus vários veículos, que não pode evitar que as mensagens sejam deturpadas ou aumentadas pelos desejos, pelas correntes causais de pensamento na parte etérica do cérebro, ou por algum pequeno problema físico de seu corpo mais denso – não será estranho que tão raramente alcance sucesso em suas tentativas. Uma ou outra vez a previsão completa e perfeita de um acontecimento é trazida com nitidez dos domínios do sono; mas, na maioria das vezes a cena chega desfigurada e irreconhecível, e em outras, tudo não passa de sensação imprecisa de uma desgraça iminente, e ainda com mais frequência, nada penetra no cérebro.

Argumenta-se que, se às vezes a previsão se cumpre, deve ser por mera coincidência, pois se os acontecimentos pudessem realmente ser previstos, deveriam ser preordenados, e neste caso o homem não teria livre-arbítrio.

Sem dúvida o homem *tem* livre-arbítrio, e como dissemos antes, a previsão só é possível até certo ponto. Nos assuntos que dizem respeito ao homem comum, provavelmente essa possibilidade é maior, porque ele não desenvolveu a vontade própria e, consequentemente, é um ser movido pelas circunstâncias; seu *karma* o coloca em circunstâncias especiais cuja ação sobre ele é o fator mais importante em sua vida, de tal maneira que seu curso é previsível com certeza quase matemática.

Quando consideramos a quantidade de acontecimentos sobre os quais a ação do homem tem pouca importância no plano onde é visível o resultado de todas as causas que estão em ação, dificilmente poderemos observar que uma grande parte do futuro possa ser prevista com considerável precisão e até mesmo em detalhes. Que isso é possível já foi provado muitas vezes, não apenas por sonhos proféticos, mas pela segunda-visão de pessoas do norte da Escócia e por previsões de clarividentes; e é nessa projeção dos efeitos a partir das causas já existentes que se baseia todo o esquema da astrologia.

Mas, quando nos referimos a um homem evoluído – um homem dotado de conhecimento e vontade – a profecia falha, porque ele já não é a criatura das circunstâncias, senão o senhor de quase todas elas. É certo que os principais acontecimentos de sua vida foram dispostos por seu *karma* passado; mas a maneira como ele é influenciado por eles, o método com que lidará com eles, e talvez seu controle sobre eles – estes são só seus, e não podem ser previstos a não ser como probabilidade. Por sua vez estas ações se transformam em causas, gerando assim cadeias de efeitos que fogem do ordenamento original e não podem resultar em previsões exatas.

Podemos usar uma simples experiência mecânica como analogia: se empregarmos uma quantidade de força para impulsionar uma bola, não poderemos anular ou diminuir esta força no momento em que a bola começa a rolar, mas podemos neutralizar ou modificar sua ação aplicando uma nova força numa outra direção. Uma força igual em direção oposta fará a bola imobilizar-se; uma força menor reduzirá sua velocidade e qualquer força de outro lado alterará tanto a velocidade quanto a sua direção.

Assim opera nosso destino. É obvio que em dado momento está em jogo uma série de causas. Não havendo interferência, certos resultados serão inevitáveis – resultados que nos planos superiores já estariam presentes e portanto podem ser descritos com exatidão. Mas também é obvio que uma pessoa de vontade forte poderá aplicar novas forças, modificando muito estes resultados, e estas modificações não podem ser previstas por um clarividente até que novas forças tenham entrado em ação.

Alguns Exemplos

Dois incidentes que vieram recentemente ao conhecimento do autor serão excelentes ilustrações da possibilidade de previsão e sua modificação por uma vontade firme. Um homem cuja mão muitas vezes fora usada em escrita automática, um dia recebeu uma comunicação de alguém que ele conhecia superficialmente, informando-lhe que estava muito indignada e aborrecida porque não pudera proferir a palestra que lhe haviam solicitado, pois quando chegou ao local não encontrou ninguém na hora marcada.

Encontrando essa senhora alguns dias mais tarde, referiu-se ao episódio da carta, expressando-lhe sua simpatia por seu desapontamento, e ela, muito surpresa, disse-lhe que o que ele lhe relatava era muito estranho, porque ela ainda não dera a palestra, mas que o faria na próxima semana e esperava que a carta não fosse uma profecia. Mas ao contrário, o que ficou *provado* é que realmente fora uma profecia, pois ninguém estava no salão, a palestra não foi proferida e a palestrante ficou muito aborrecida e aflita, exatamente como fora previsto. Que tipo de entidade inspirou a comunicação, não se sabe, mas é óbvio que estava num plano onde a previsão era possível; e realmente, como se mencionou, deve ter sido o Ego da conferencista, ansioso por aliviar seu desapontamento, que preveniu sua mente neste plano inferior.

Se o foi, perguntamos, por que não a influenciou diretamente? Pode ser que ele não fosse capaz de fazê-lo, e a sensitividade de seu amigo deve ter sido o único meio possível de alertá-la. Ainda que seja um método indireto, os estudantes destes assuntos conhecem numerosos exemplos de comunicações semelhantes em que é evidente que este é o único meio disponível.

Em outra ocasião, este homem recebeu por processo igual, o que parecia ser uma carta de outra amiga, relatando a triste e longa história de sua vida. Ela dizia estar com muitos problemas e que todas estas dificuldades tinham surgido de uma conversa (que deu em detalhes) com certa pessoa que a persuadira, contra seus próprios sentimentos, a adotar determinada atitude. Ela continuou contando que, um ano mais tarde, diversos acontecimentos atribuídos a ela culminaram num crime horrível, arruinando para sempre sua vida.

Como no caso anterior, quando o homem encontrou a suposta autora da carta, referiu-se ao conteúdo da mesma, porém ela não sabia nada dessa história, e embora ficasse muito impressionada com o fato, julgou não ter qualquer significado. Depois de certo tempo, para sua surpresa, a conversa referida na carta realmente aconteceu, e lhe pediam que realizasse a ação à qual previam um fim desastroso. Ela certamente teria acedido, desconfiando de seu julgamento, mas lembrando a profecia, resistiu com determinação, embora causando surpresa e desagrado para com o amigo com quem falava. Como a ação indicada na carta não foi efetuada, o tempo da catástrofe chegou e passou sem qualquer incidente.

Assim podia ter ocorrido em qualquer que fosse o caso. Mesmo assim, se lembrarmos com que exatidão a outra previsão aconteceu, temos de admitir que o aviso dado pela carta, provavelmente evitou um crime. Se ocorreu desta maneira, aqui temos um bom exemplo da forma como nosso futuro pode ser modificado pelo exercício de uma vontade firme.

O Pensamento Simbólico

Outro ponto digno de atenção, com referência à condição do Ego quando fora do corpo durante o sono, é que ele parece pensar através de símbolos – isso é, o que em nosso plano seria uma ideia, que para expressar-se precisaria de muitas palavras, para o Ego isso lhe é transmitido por uma simples imagem simbólica. Ora, quando um pensamento como esse é impresso no cérebro, para ser lembrado na consciência de vigília precisa ser traduzido. Muitas vezes a mente executa esta função, mas em outras o símbolo não vem acompanhado de sua chave – permanecendo, por assim dizer, sem tradução, surgindo então a confusão.

No entanto muitas pessoas estão habituadas a tratar os símbolos desta maneira, e tentam inventar uma interpretação para eles. Nestes casos, cada pessoa tem seu próprio sistema de simbologia. A Sra. Crowe menciona em seu livro *Night Side of Nature* (p.54) 'uma senhora, sempre que estava na iminência de sofrer um infortúnio sonhava com um grande peixe. Uma noite sonhou que o peixe mordera dois dedos de seu filho. Imediatamente depois um colega feriu os mesmos dedos do menino com uma pancada de machadinha. Encontrei muitas pessoas que aprenderam, por experiência própria, a considerar certo sonho como prognóstico de infausto acontecimento'. Contudo há alguns pontos sobre os quais a maioria dos sonhadores concorda – por exemplo, que sonhar com águas profundas significa problemas, e que as pérolas são sinais de lágrimas.

5. Os Fatores dos Sonhos

Tendo examinado a condição do homem durante o sono, vemos que os seguintes fatores são capazes de influir na produção dos sonhos:

1. O Ego pode estar em qualquer estado de consciência desde a quase completa insensibilidade até o perfeito controle de suas faculdades, e conforme se aproxima desta condição entra mais e mais na posse de certos poderes que transcendem qualquer um dos muitos que temos em nosso habitual estado de vigília.

2. O corpo astral, sempre agitado com turbulentas ondas de emoções e desejos.

3. A parte etérica do cérebro, pela qual passa uma incessante procissão de quadros sem conexão entre si.

4. O cérebro físico inferior, com sua semiconsciência infantil e seu hábito de expressar todos os estímulos de forma pictórica.

Quando vamos dormir nosso Ego se recolhe mais

para dentro de si e deixa que seus vários corpos fiquem mais livres do que o habitual e sigam seus próprios caminhos; mas devemos lembrar que a consciência separada destes veículos, quando pode se mostrar, é de caráter muito rudimentar. Quando acrescentamos que cada um destes fatores é infinitamente mais suscetível às impressões de fora do que em outros momentos, veremos o motivo para que a memória de vigília, que é um tipo de síntese de todas as diferentes atividades que estão acontecendo, seja geralmente confusa.

Com estes pensamentos em nossas mentes, vejamos agora como devem ser expostos os habituais tipos diferentes de sonhos.

Capítulo 5

OS SONHOS

A Visão Verdadeira

A visão verdadeira, que não pode ser classificada como um sonho, é o caso em que o Ego, ou vê por si mesmo algum fato num plano superior da natureza, ou é impresso em si por uma entidade mais avançada; de qualquer maneira ele está ciente de algum fato que é importante que ele saiba, ou talvez tenha alguma gloriosa e elevada visão que o encoraja e fortalece.

Feliz é o homem para quem esta visão vem com nitidez suficiente para abrir caminho através de todos os obstáculos e fixar-se com firmeza em sua memória de vigília.

O Sonho Profético

Este também deve ser atribuído exclusivamente à ação do Ego, que prevê por si mesmo, ou prepara sua consciência de vigília para um evento futuro que deseja que ocorra. É possível certo grau de certeza e veracidade nesta previsão, conforme o poder do Ego de assimilá-lo e depois imprimi-lo em seu cérebro de vigília.

Às vezes o evento é bastante sério, como morte ou desastre, sendo este o motivo do Ego tentar gravá-lo. Contudo, em outras ocasiões, o fato previsto aparentemente não é importante, e é difícil para nós compreendermos por que o Ego deve se preocupar com isso. Naturalmente, sempre é possível que o caso lembrado possa ser apenas um pormenor mínimo de uma visão maior que não tenha ainda chegado ao cérebro físico.

Muitas vezes a profecia evidentemente é uma advertência, e não faltam exemplos de que ao ser levada a sério salvou o sonhador de morte ou de acidente. Na maioria dos casos o aviso é negligenciado, ou seu verdadeiro significado não é compreendido até que seja cumprida a profecia. Em outros, há uma tentativa para agir conforme a sugestão, mas não tendo aquele que sonha domínio necessário sobre as circunstâncias, estas o conduzem, a seu pesar, à situação prognosticada.

Histórias destes sonhos proféticos são tão comuns que o leitor pode facilmente descobrir alguns em quase todos os livros sobre o assunto. Citarei um exemplo do livro do Sr. W. T. Stead, *Real Ghost Stories* (p.77).

O herói da história era um ferreiro que, trabalhando em uma fábrica, foi apanhado por uma roda hidráulica. Ele sabia que a roda necessitava de reparo, e uma noite sonhou que no fim das atividades do dia seguinte o gerente o deteve para consertá-la, e que seu pé escorregou e se prendeu na engrenagem, ficou muito ferido e mais tarde teve que amputar o pé. Na manhã seguinte relatou o sonho a sua esposa e decidiu desaparecer para não consertar a roda. Durante o dia o gerente anunciou que a roda entraria em reparo logo após a saída dos operários. O ferreiro escondeu-se num bosque na vizinhança. Chegou num lugar onde havia certa quantidade de madeira pertencente ao moinho, e viu um sujeito roubando a madeira da pilha. Partiu a seu encalço para apanhá-lo e ficou tão excitado que esqueceu a resolução anterior e, sem se dar conta, regressou à fábrica justamente na hora em que os trabalhadores saíam.

Não pôde esquivar-se e como era o principal ferreiro teve que ir consertar a roda, e decidiu ser muito cuidadoso. A despeito de toda precaução, o pé escorregou e foi apanhado pela engrenagem – tal como no sonho. Seu pé foi esmagado tão seriamente que ele teve que ser levado à enfermaria de Bradford onde sua perna foi amputada acima do joelho. E assim se cumpriu integralmente o sonho profético.

Sonho Simbólico

Também este é trabalho do Ego, e na verdade pode ser definido como uma variante de menos sucesso que a anterior, porque afinal de contas é um esforço do Ego que transmite imperfeitamente uma informação sobre o futuro.

Um bom exemplo deste tipo de sonho foi descrito pelo Sr. Noel Paton numa carta a Sra. Crowe, que ela publicou em *The Night Side of Nature* (p.54):

"Este sonho de minha mãe foi assim: ela estava numa galeria comprida e escura, de um lado o meu pai, de outro minha irmã mais velha, logo eu mesmo e o resto da família por ordem de idade... Todos estavam imóveis e em silêncio. Por fim, ele entrou – aquele *algo* inacreditável que, projetando na frente sua sombra sinistra, envolveu todas as trivialidades do sonho precedente numa sufocante atmosfera de pavor. Entrou furtivamente, descendo os três degraus que iam da entrada ao quarto do horror, e minha mãe sentiu que ele era a morte.

"Carregava em seu ombro um machado pesado e viera, pensou ela, destruir todos seus filhos com um só golpe. Ao entrar o vulto, minha irmã Alexes pulou da fila, interpondo-se entre ele e minha mãe. Ele levantou o machado e desferiu um golpe em minha irmã Catarina – golpe que minha mãe, horrorizada, não pode evitar, embora agarrasse um banquinho de três pernas para isso. Viu que não podia jogar o banco sobre o fantasma sem atingir Alexes, que se jogara entre ambos...

"O machado atingiu o alvo e Catarina caiu...Novamente o implacável vulto brandiu o machado sobre a cabeça de meu irmão que era o próximo da fila, mas nesse ínterim, Alexes se escondeu em algum lugar atrás do fantasma, e com um grito minha mãe jogou o banco em sua cabeça. Ele se desvaneceu e ela acordou...

"Três meses mais tarde, eu e meus irmãos fomos acometidos de febre amarela. Minha irmã Catarina faleceu quase imediatamente – sacrificada, conforme minha mãe supôs, por sua extrema apreensão quanto a Alexes que parecia estar em maior perigo. O sonho-profecia fora em parte cumprido.

"Eu também estive às portas da morte – desenganado pelos médicos. Minha mãe, porém, não perdia a esperança e confiava em minha recuperação. Mas ela temia mais por meu irmão, que parecia não estar em perigo, mas sobre cuja cabeça ela vira o machado cair, pois não lembrava se o golpe havia ou não sido dado quando o espectro desaparecera. Meu irmão se recuperou, mas recaiu e mal escapou com vida, o mesmo não sucedeu com Alexes; durante um ano e dez meses a pobre menina padeceu... e eu lhe segurava a pequena mão quando morreu. E assim se cumpriu o sonho."

É curioso observar a exatidão com que se verificaram os pormenores do simbolismo, inclusive na parte referente ao sacrifício de Catarina para salvar Alexes, e a diferença na maneira como as duas morreram.

O Sonho Nítido e Coerente

Este sonho às vezes é uma lembrança mais ou menos

acurada de uma experiência astral que ocorreu ao Ego enquanto perambulava fora de seu corpo físico adormecido; talvez mais frequente, é a dramatização pelo Ego quer pela impressão produzida por algum insignificante som ou contato físico, ou ainda por alguma ideia passageira que lhe ocorra.

Exemplos deste último tipo já foram dados e também há muitos do primeiro tipo. Como exemplo, damos um fato citado pelo Sr. Andrew Lang em *Dreams and Ghosts* (p.35) que se passou com o conhecido médico francês Dr. Brierre de Boismont, que diz ter ocorrido com seu conhecimento.

"A Srta. C., uma moça de excelente bom-senso, antes de casar vivia com seu tio D., famoso médico membro do Instituto. Nesta época sua mãe vivia no campo e estava muito doente. Uma noite, a moça sonhou que sua mãe estava pálida, moribunda e muito triste com a ausência dos dois filhos, um vigário na Espanha e o outro, ela própria em Paris.

"Em seguida ouviu seu próprio nome, Carlota, e em seu sonho viu que as pessoas ao redor de sua mãe lhe traziam, do outro quarto, sua sobrinha e afilhada Carlota. A doente com um gesto disse que não era *esta* Carlota, mas sua filha em Paris.

"No dia seguinte, a tristeza da Srta. C. chamou a atenção de seu tio. Ela então lhe contou o sonho – e ele lhe disse que sua mãe estava morta. Alguns meses mais tarde quando seu tio se ausentara, ao arranjar seus papéis encontrou uma carta contando a história da morte de sua mãe com todos os detalhes, os mesmos de seu sonho, que D. ocultara para não lhe causar mais sofrimento."

Às vezes o sonho clarividente se refere a um assunto de muito menos importância do que a morte, como no caso seguinte, relatado pelo Dr. F. G. Lee em *Glimpses in the Twinlight* (p.108). Uma mãe sonha ver seu filho numa estranha embarcação, parado ao pé de uma escada que dava para o andar superior. Ele estava pálido e muito cansado e lhe dizia aflito: 'mãe, não tenho onde dormir'. Depois de um tempo, chega uma carta do filho na qual havia um 'croquis' da estranha embarcação mostrando a escada que dava para o convés superior; explicava também que em certo dia (no dia do sonho de sua mãe) uma tormenta quase virara sua embarcação e literalmente cobriu de água sua cama, e finalizava com as palavras: 'fiquei sem ter onde dormir'.

É bem claro que em ambos os casos os sonhadores,

levados por pensamentos de amor e ansiedade, realmente viajaram no corpo astral durante o sono até onde estava quem tanto lhes interessava, e simplesmente testemunharam várias ocorrências conforme aconteciam.

O Sonho Confuso

Este é o mais comum de todos e pode ter várias causas, como já tivemos ocasião de dizer. Pode ser simplesmente uma lembrança mais ou menos perfeita de uma série de quadros desconexos e de transformações impossíveis produzidos pela ação automática e sem lógica do cérebro físico inferior. Pode ser a reprodução de uma corrente de pensamento casual jogada na parte etérica do cérebro; se imagens sensuais de qualquer tipo penetram nele, é devido à maré agitada de desejos terrenos, provavelmente estimulados por alguma influência perniciosa do mundo astral; talvez seja devido a uma tentativa imperfeita de dramatização de um Ego não desenvolvido, ou pode ser (e na maioria dos casos é) devido a uma combinação inextricável de vários ou de todos esses fatores. A maneira por que se processa semelhante combinação talvez se torne mais clara com a descrição sucinta de algumas das experiências sobre o estado de sonho levadas a cabo recentemente com a cooperação de investigadores clarividentes, membros da Loja de Londres da Sociedade Teosófica.

Capítulo 6

EXPERIÊNCIAS NO ESTADO DE SONHO

O objetivo especial das investigações, parte das quais vou agora descrever, consistia em descobrir se era possível impressionar o Ego de uma pessoa comum durante o sono, de forma suficiente a capacitá-lo a recordar as circunstâncias quando acordasse; e também desejávamos, tanto quanto possível, descobrir quais eram os obstáculos que habitualmente se antepunham a essa lembrança.

A primeira experiência foi com um homem comum, com pouca instrução e de aspecto exterior rude – um tipo de pastor australiano – cuja forma astral flutuava acima do corpo e era externamente pouco mais do que uma nuvem imprecisa e vaga.

Descobrimos que a consciência do corpo na cama era confusa e pesada, ambas referentes às partes densa e etérica da estrutura. A primeira, a densa, respondia até certo ponto aos estímulos externos – por exemplo, o respingar de duas ou três gotas de água na face fazia o cérebro evocar (embora com certa demora) a cena de fortes pancadas de chuva; enquanto que a parte etérica do cérebro era como sempre um canal passivo para um fluxo sem fim de pensamentos desconexos, que dificilmente respondia a quaisquer vibrações que eles produziam e quando o fazia era com muita lentidão. O Ego que pairava acima era semiconsciente e não desenvolvido, mas a forma astral, embora difusa e mal definida, mostrava considerável atividade.

O corpo astral flutuante pode, em qualquer ocasião, ser influenciado facilmente pelo pensamento consciente de outra pessoa; e neste caso a experiência foi feita afastando-o a pouca distância do corpo físico na cama. O resultado, porém, foi que ao se afastar alguns metros, era evidente o mal-estar de ambos os veículos – e foi preciso abandonar a tentativa, pois um afastamento maior faria o homem acordar, provavelmente sentindo grande terror.

Certo cenário foi escolhido – um panorama belíssimo descortinado do alto de uma montanha tropical – e um quadro nítido foi projetado pelo operador na consciência de sonho do ego, que o captou e o examinou, embora de maneira confusa e incompreensível. Depois de ser colocado este cenário durante algum tempo, o homem foi despertado com o objetivo de ver se ele se lembrava do sonho. Sua mente, contudo, não tinha qualquer lembrança a esse respeito, e a não ser por alguns vagos anseios animais, não tinha nenhuma reminiscência do estado de sono.

Foi sugerido que possivelmente a constante corrente de formas-pensamento externas, que passavam por seu cérebro, podiam ser um obstáculo, distraindo-o e tornando-o impermeável às influências de seus princípios mais elevados. Após o homem dormir novamente, uma concha magnética foi formada ao redor de seu corpo para evitar a entrada dessa corrente e se tentou a experiência outra vez.

O cérebro, privado de seu sustento normal, começou pouco a pouco e sonhadoramente a repassar cenas de sua vida passada, mas quando o homem foi acordado novamente, o resultado não foi diferente – sua memória estava totalmente em branco, não lembrando a cena que lhe fora mostrada, embora tivesse uma vaga ideia de ter sonhado com algum acontecimento em seu passado.

Esta experiência foi então abandonada por impraticável, pois era evidente tratar-se de um Ego pouco desenvolvido para oferecer alguma possibilidade de sucesso.

Outra tentativa com o mesmo homem em época posterior não foi um malogro completo. Neste caso, o cenário foi um incidente no campo de batalha, escolhido provavelmente por exercer maior influência sobre sua mente do que a cena da paisagem. Aqui este quadro foi recebido sem dúvida com mais interesse do que o outro por seu Ego não desenvolvido, mas ainda assim, quando o homem acordou, a memória estava ausente, e tudo quanto restou era apenas uma vaga impressão de que *ele* estivera lutando, mas onde e por que ele já havia esquecido.

A experiência seguinte foi com uma pessoa de tipo bem superior – um homem de boa atitude moral, inteligente e muito culto, com muitas ideias filantrópicas e elevadas aspirações. Em seu caso, o corpo denso respondeu instantaneamente à prova da água numa cena extraordinária de um enorme temporal, o que, por seu turno, repercutiu sobre a parte etérica do cérebro, despertando, por associação de ideias, diversas cenas vividamente representadas. Quando esta perturbação terminou, a corrente habitual de pensamentos começou a fluir e provocou uma reação muito maior em seu cérebro, cujas vibrações eram também mais fortes, iniciando-se em cada caso uma sequência de associações, que às vezes excluíam a corrente de fora por bastante tempo.

O veículo astral do indivíduo era muito mais definido em seu contorno ovoide, e o corpo de matéria astral densa dentro dele tinha uma boa reprodução de sua forma física; quando os desejos estavam menos ativos, o próprio Ego assumia um grau muito mais elevado de consciência.

O corpo astral, nesta experiência, podia afastar-se várias milhas do corpo físico, aparentemente sem ocasionar a mais leve perturbação em nenhum deles.

Quando a paisagem tropical foi apresentada a este Ego, ele imediatamente a aceitou com grande apreço, admirando e contemplando suas belezas de maneira entusiasta. Depois de admirá-la por um tempo, o homem foi despertado, mas o resultado não foi o esperado. Ele sabia que tivera um belo sonho, mas não conseguia lembrar de qualquer detalhe, e alguns fragmentos vagos que sua mente reteve eram simples remanescentes de divagações do próprio cérebro.

A experiência foi repetida com ele, bem como com o outro homem – acrescentando uma concha magnética ao redor de seu corpo. Neste caso e no anterior, o cérebro principiou a elaborar suas próprias cenas. O Ego recebeu a paisagem ainda com maior entusiasmo que no começo, reconhecendo-a de imediato como o cenário que vira antes e apreciando-a em todos os seus aspectos e minúcias, com extática admiração por suas belezas.

Mas enquanto ficava absorto nesta contemplação, o cérebro etérico logo abaixo se entretinha lembrando cenas de sua vida escolar, a mais forte uma cena num dia de inverno quando o solo estava coberto de neve, e ele e outros colegas jogavam bolas de neve uns nos outros no pátio da escola.

Quando acordou, como de costume, o efeito foi bastante curioso. Ele tinha uma vívida lembrança de estar em pé no cume de uma montanha, admirando uma vista magnífica, e conservava bem nítidos na mente os principais aspectos da paisagem; mas, em vez do exuberante verde tropical que ressaltava a paisagem, ele viu as terras circundantes cobertas por um manto de neve! E lhe pareceu que enquanto estava desfrutando com profundo deleite as belezas à sua frente, se viu subitamente, por uma dessas transições bruscas tão frequentes nos sonhos, jogando bolas de neve no pátio da escola com companheiros há muito esquecidos e em quem não pensara durante muitos anos.

Capítulo 7

CONCLUSÃO

Estas experiências mostram muito claramente como a lembrança de nossos sonhos se torna na maioria das vezes caótica e incoerente. Incidentalmente explicam também por que algumas pessoas – nas quais o Ego não é desenvolvido e tem fortes desejos mundanos de várias espécies – nunca sonham, e por que muitas outras são capazes, sob circunstâncias favoráveis, de ter uma lembrança confusa das aventuras noturnas. Além disso, vemos que se alguém deseja ter em sua consciência de vigília os frutos do que seu Ego aprendeu durante o sono, é absolutamente necessário adquirir o domínio de seus pensamentos, subjugar todas as paixões inferiores e sintonizar sua mente com coisas nobres.

Se quiser, durante sua vida de vigília pode formar o

hábito de manter um pensamento firme e concentrado e verá que o benefício ganho com esse método não fica limitado às ações de seu dia a dia. Que aprenda a controlar sua mente – para mostrar que ele é seu dono, assim como de suas paixões inferiores; que se esforce com perseverança para adquirir controle total de seus pensamentos, a fim de saber sempre exatamente em que está pensando e por quê; e verá que seu cérebro assim treinado, para ouvir tão somente as sugestões do Ego, ficará tranquilo quando não estiver em uso, e se recusará a receber e fazer eco às correntes ocasionais do oceano de pensamentos circundantes, e desse modo já não será mais impenetrável às influências dos planos menos materiais, onde o *insight* é mais agudo e o julgamento mais verdadeiro do que em nosso plano inferior.

A execução de um ato elementar de magia pode contribuir para ajudar algumas pessoas a treinar a parte etérica do cérebro. As cenas que aí se desenrolam (quando é barrada a corrente externa de pensamentos) provavelmente não impedirão a lembrança das experiências do Ego, mais do que o fluxo agitado da própria corrente de pensamento; e assim excluir esta corrente impetuosa, que traz mais mal do que bem, é por si mesma um notável passo em direção ao objetivo desejado. E isso pode ser conseguido sem muita dificuldade. Que o homem, quando for deitar para dormir, pense na aura que o envolve e deseje com firmeza que a superfície dessa *aura* se transforme numa concha de proteção contra a invasão de influências estranhas; a matéria áurica obedecerá a seu pensamento e realmente irá se formar uma concha ao seu redor, barrando a corrente de pensamentos.

Outro ponto fortemente evidenciado em investigações posteriores, foi a imensa importância do último pensamento na mente do homem ao cair no sono. Este é um aspecto que nunca ocorre à maioria das pessoas, apesar de afetá-las tanto física como mental e moralmente.

Vimos como o homem durante o sono fica passivo e é facilmente influenciado; se ele entrar nesse estado com seu pensamento fixo em coisas dignas e elevadas, atrairá para si os elementais criados pelos pensamentos afins de outros seres humanos; seu repouso será tranquilo, sua mente estará aberta a impressões dos planos superiores e fechar-se-á para as inferiores, porque ele a dirige para o trabalho na direção correta. Se, ao contrário, ele cair no sono com pensamentos mundanos impuros que atravessam seu cérebro, atrairá para si todas as criaturas grosseiras e más que estão por perto, e seu sono será perturbado pelas ondas maléficas de paixão e desejo, que o tornarão cego à luz e surdo aos sons originados nos planos superiores.

Todos os teósofos sinceros devem, portanto, fazer tudo que possam para elevar seus pensamentos ao nível mais alto possível, antes de cair no sono. E lembrar de que, cruzando o que parece ser apenas o portal do sonho, talvez possam entrar nos reinos maravilhosos onde é possível a visão real.

Se persistentemente guiar sua alma para o alto, seus sentidos internos irão desenvolver-se; a luz no santuário será mais e mais brilhante, até atingir uma consciência plena e contínua, e então não terá mais sonhos. Dormir não significará mais cair no esquecimento, mas somente caminhar à frente com alegria e decisão, em direção a uma existência mais completa e sublime – onde a alma estará sempre aprendendo, ainda que todo seu tempo seja dedicado ao serviço. Porque o serviço é o dos grandes Mestres de Sabedoria, e a gloriosa tarefa que lhe destinaram é sempre ajudar, até o limite de suas forças, a obra que jamais termina – a obra dos Mestres: auxiliar e guiar a evolução da humanidade.

Informações sobre Teosofia e o Caminho Espiritual podem ser obtidas na Sociedade Teosófica no Brasil no seguinte endereço: SGAS - Quadra 603, Conj. E, s/nº, CEP 70.200-630 Brasília, DF. O telefone é (61) 3226-0662. Também podem ser feitos contatos pelo e-mail: secretaria@sociedadeteosofica.org.br
www.sociedadeteosofica.org.br.

gráfika
papel&cores

(61) 3344-3101
comercial@grafikapapelecores.com.br